Deutsch

Urs Luger
Eine Nacht in Berlin

LEKTÜRE FÜR ERWACHSENE
MIT AUDIOS ONLINE

Hueber Verlag

Cover: © Getty Images/iStock/21AERIALS
Illustrationen: Jörg Saupe, Düsseldorf

Einen kostenlosen MP3-Download zu diesem Titel finden Sie unter
www.hueber.de/audioservice.
© 2022 Hueber Verlag GmbH & Co. KG, München, Deutschland
Alle Rechte vorbehalten.
Sprecherin: Stefanie Dischinger
Hörproduktion: Scheune München mediaproduction GmbH

Der Verlag weist ausdrücklich darauf hin, dass im Text enthaltene externe
Links vom Verlag nur bis zum Zeitpunkt der Buchveröffentlichung
eingesehen werden konnten. Auf spätere Veränderungen hat der Verlag
keinerlei Einfluss. Eine Haftung des Verlags ist daher ausgeschlossen.

Das Werk und seine Teile sind urheberrechtlich geschützt.
Jede Verwertung in anderen als den gesetzlich zugelassenen Fällen
bedarf deshalb der vorherigen schriftlichen Einwilligung des Verlags.

Eingetragene Warenzeichen oder Marken sind Eigentum des
jeweiligen Zeichen- bzw. Markeninhabers, auch dann, wenn diese
nicht gekennzeichnet sind. Es ist jedoch zu beachten, dass weder
das Vorhandensein noch das Fehlen derartiger Kennzeichnungen
die Rechtslage hinsichtlich dieser gewerblichen Schutzrechte berührt.

3.	2.	1.			Die letzten Ziffern
2026	25	24	23	22	bezeichnen Zahl und Jahr des Druckes.

Alle Drucke dieser Auflage können, da unverändert,
nebeneinander benutzt werden.
1. Auflage
© 2022 Hueber Verlag GmbH & Co. KG, München, Deutschland
Umschlaggestaltung: Sieveking · Agentur für Kommunikation, München
Layout und Satz: Sieveking · Agentur für Kommunikation, München
Redaktion und Projektleitung: Heike Birner, Hueber Verlag, München
Druck und Bindung: Friedrich Pustet GmbH & Co. KG, Regensburg
Printed in Germany
ISBN 978-3-19-508580-9

Inhalt

Kapitel 1: Alles dreht sich	▶ 01	4
Kapitel 2: Überall Erinnerungen	▶ 02	8
Kapitel 3: Die Hausaufgabe	▶ 03	13
Kapitel 4: Fünf Rosen	▶ 04	17
Kapitel 5: An der Spree	▶ 05	22
Kapitel 6: Die Nase ist zu groß!	▶ 06	27
Kapitel 7: Am frühen Morgen	▶ 07	32
Kapitel 8: Nordlicht	▶ 08	36
Übungen zu Kapitel 1	▶ 09	40
Übungen zu Kapitel 2		41
Übungen zu Kapitel 3	▶ 10	42
Übungen zu Kapitel 4		43
Übungen zu Kapitel 5	▶ 11	44
Übungen zu Kapitel 6	▶ 12	45
Übungen zu Kapitel 7	▶ 13	46
Übungen zu Kapitel 8		47
Lösungen		48

▶ Das Hörbuch zur Lektüre und die Tracks zu den Übungen stehen als kostenloser MP3-Download bereit unter:
www.hueber.de/audioservice.

▶ 01 Kapitel 1: Alles dreht sich

Der Himmel ist schwarz. Nur ein paar Sterne kann man sehen.
‚Mein Geburtstag', denkt Ben. ‚Soll der Geburtstag nicht ein schöner Tag sein?'
Er hört seine Freunde hinter sich reden und lachen. Das Essen war gut und sie trinken noch ein Glas Wein oder einen Kaffee. Ben hat sie ins Restaurant auf dem Fernsehturm am Alexanderplatz eingeladen. 200 Meter über Berlin. Sie hatten einen schönen gemeinsamen Abend, doch jetzt steht er allein am Fenster und schaut auf die Stadt unter sich.
Die Menschen, Autos und Bäume sind ganz klein. Man kann sie kaum sehen.
Bens Gedanken sind jetzt nicht mehr bei seinen Freunden oder dem guten Essen, sie sind bei einem anderen Geburtstag – vor einem Jahr.
„Ben, ich kann nicht mehr", hat sie gesagt.
„Was meinst du?", hat er gefragt.
„Es geht nicht mehr."
„Was?"
„Wir. Das funktioniert nicht mehr."
„Ich verstehe dich nicht. Wir sind doch ein tolles Paar."
„Das war einmal. Aber jetzt … Ich fühle nichts mehr. Wir sind wie zwei Fremde."
„Was willst du damit sagen?"
„Es ist aus", hat sie gesagt. „Ich mach Schluss mit dir."
Genau an seinem Geburtstag.
„Aber du …", wollte Ben noch sagen. Aber da war sie schon weg.
Amelie ist einfach gegangen. Aus seiner Wohnung. Aus seinem Leben.

---

sich drehen: im Kreis gehen

der Stern: Licht am Himmel

der Gedanke: was man denkt

‚Ein Jahr ist das schon her', denkt er jetzt. ‚Aber warum fühle ich mich noch immer nicht besser?'

„Es ist schön, dass du dich wieder besser fühlst", sagt da jemand neben ihm. Martin ist zu ihm ans Fenster gekommen.

„Besser ... ich weiß nicht."

„Du hattest Spaß heute Abend. Das habe ich gesehen. Du hast ein schwieriges Jahr gehabt, nachdem Amelie weg war. Aber es wird besser. Das ist doch toll!"

„Ich bin nicht sicher."

„Ach was, sicher ist man nie. Aber du siehst wieder das Gute im Leben. Du hast uns alle eingeladen, du hast mit uns gefeiert. Nicht mehr lange, und du hast eine neue Freundin. Da bin ich sicher."

Ben sieht hinaus in die Nacht.

„Vielleicht hast du recht", sagt er dann. Was soll er sonst sagen?

„Siehst du?" Martin lacht. „Und jetzt komm, setz dich wieder zu uns."

„Ich bleibe noch kurz hier. Nur ein bisschen. Dann bin ich wieder bei euch."

„Okay", sagt Martin und klopft ihm auf die Schulter. „Aber bleib nicht zu lange. Sonst wirst du wieder traurig."

Er geht zurück zu den anderen.

Ben bleibt allein mit sich, der Nacht und dem weiten Berlin unter ihm.

‚Sie verstehen es nicht', denkt er. ‚Amelie war ... wie soll ich nach ihr eine andere Frau kennenlernen? Eine neue Freundin haben?'

Ein Jahr ist es her, aber es fühlt sich an wie gestern.

„Du musst weitergehen!" Das sagen alle zu ihm. „Du musst nach vorne sehen."

Aber Ben kann das nicht. Will das auch nicht. Und weil das niemand versteht, sagt er es einfach nicht mehr.

---

jemand: eine Person

Wenn er jetzt aus dem Fenster schaut, sieht er noch immer nur das Berlin von Ben und Amelie, ihr gemeinsames Berlin. Dort ist der Pariser Platz mit dem Brandenburger Tor. Da haben sie im Frühling gesessen und Kaffee getrunken. Dort ist der Reichstag. Den haben sie gemeinsam mit Amelies Bruder besucht, als er hier war. Und dort ist der Hauptbahnhof. Von dort wollten sie nach Amsterdam fahren, gemeinsam Urlaub machen. Wollten.

> Reichstag, wichtiges Gebäude in Berlin

Das Restaurant auf dem Fernsehturm dreht sich weiter.
‚So sollte sich auch das Leben weiterdrehen, das sagen doch alle', denkt Ben. ‚Man kann nicht immer traurig sein.'
Er möchte jetzt am liebsten weggehen, ganz alleine sein.
‚Aber das geht nicht', denkt er. ‚Sie sind doch alle wegen mir hier!'
Er sieht zum Tisch. Martin lacht und winkt.
Ben winkt zurück.
‚Und wenn ich jetzt einfach gehe?', denkt er.

---

winken: mit der Hand „Hallo" sagen

‚Nein, das darfst du nicht!', antwortet er sich selbst.
‚Aber es ist doch mein Geburtstag! Da kann ich doch tun, was ich will.'
‚Ja, schon, aber von deiner eigenen Feier weggehen, das geht gar nicht.'
‚Aber genau das möchte ich jetzt am liebsten.'
‚Also, wenn es dir so wichtig ist ...'
‚Ja, das ist es wirklich. Ich möchte nicht immer nur hören: Du musst weitergehen!'
‚Aber was sagen dann deine Freunde?'
Ben sieht zum Tisch. Alle schauen auf Martins Smartphone.
Wahrscheinlich zeigt er ihnen Fotos von seiner kleinen Tochter.
Er geht ein paar Schritte zur Tür, sieht wieder zum Tisch.
„Und schaut euch dieses an", sagt Martin. „Ist sie nicht süß?"
Alle Blicke sind weiter auf seinem Smartphone.
Ben geht vorsichtig noch ein paar Schritte.
„Und da ... das ist doch unglaublich, oder?" Alle lachen.
Dann ist Ben bei der Tür. Er sieht zurück zu seinen Freunden.
„Danke für den schönen Abend", sagt er leise. „Es tut mir leid, aber ich muss jetzt gehen."
Er öffnet die Tür und verlässt das Restaurant.

Kapitel 2: Überall Erinnerungen

„Du weißt, dass ich dich liebe?"
„Ich weiß."
„Und weißt du auch, wie sehr ich dich liebe?"
Das hat Amelie gesagt. Hier haben sie gesessen, vor dieser Kneipe, in einer warmen Sommernacht.
„Sehr, sehr, und noch einmal sehr. Mehr als du denken kannst."
Er hat ihre Hand gehalten.

Wie lange ist das her? Zwei Jahre? Oder drei? Gar nicht so lange …
Ben geht ohne klares Ziel durch Berlin. Ein Weg ist so gut wie der andere. An jeder Ecke warten Erinnerungen an Amelie auf ihn.
Hackescher Markt. Hier haben sie gestanden, nach ihrem ersten Date. Er ist mit Amelie durch den Schnee zur Straßenbahn gegangen und hat gehofft, dass lange, lange keine kommt.

> Hackescher Markt, Ort in Berlin mit vielen Läden und Cafés

Dass er noch ein paar schöne Minuten mit ihr haben kann.
„Es ist viel zu kalt. Du brauchst nicht zu warten, bis die nächste kommt", hat Amelie gesagt.
„Ich weiß. Aber ich warte gern mit dir."
„Das freut mich."
Sie haben geredet, sie haben gelacht, sie haben auch eine Zeit lang gar nichts gesagt und sich nur angesehen. Aber irgendwann ist sie dann doch gekommen, die Straßenbahn.
„Ich muss …", hat Amelie gesagt.
„Ja, ich weiß."
Aber sie ist noch nicht eingestiegen.
„Du könntest auch die nächste nehmen", hat Ben gemeint.

---

die Erinnerung: wenn man an früher denkt

das Date: wenn man sich verabredet

„Das wäre schön … Aber ich glaube, mir ist zu kalt."
„Natürlich. Komm gut nach Hause."
Amelie war schon in der Bahn, da ist sie noch einmal kurz zurück und hat ihm schnell einen Kuss gegeben. Dann haben die Türen geschlossen, sie ist weggefahren und er hat ihr gewinkt.

Ben geht weiter. Es ist schon Oktober, aber die Nacht ist noch einmal warm heute, es riecht nach Berlin, nach Menschen und nach dem Essen aus den Kneipen rundherum.
Monbijoupark. ‚Hier waren wir auch gemeinsam', denkt er. ‚Hört das denn nie auf? Aber vielleicht ist das heute mein Erinnerungsabend. Vielleicht ist das nötig. Vielleicht kann ich dann wirklich weitergehen.'

Monbijoupark, Park in Berlin mit viel Grün, einem Spielplatz und einem Schwimmbad

Hier im Park haben sie ein Picknick gemacht. Sie haben in der Wiese gelegen, haben gegessen, gelesen. Es war perfekt.
‚Nein, es war nicht perfekt', denkt Ben. ‚Nicht mehr. Hier war es schon anders.'
Es waren kleine Dinge: Wie sie ihn angesehen hat, wie sie gelacht hat.
„Was ist los?", hat Ben gefragt.
„Was meinst du?"
„Du redest kaum noch mit mir."
„Ach, Unsinn."
„Du liest nur in deinem Buch."
„Es ist ein sehr interessantes Buch."
Er hat ihre Hand genommen. Aber sie wollte das nicht.
„Siehst du? Nicht mal Hände halten möchtest du."
„Was redest du da? Man muss ja nicht die ganze Zeit Hände halten. Das ist doch ganz normal."
„Ich finde …"

---

der Unsinn: es ist dumm, es stimmt nicht

„Ich möchte jetzt bitte weiterlesen."
‚Es war so klar', denkt Ben. ‚Aber ich *wollte* es nicht sehen.
Und ich habe es auch nicht verstanden. Ich verstehe es bis heute nicht.'
„Alles okay bei Ihnen?", fragt ein Mann, der vor einem kleinen Café sitzt.
„Äh ... wie bitte?"
„Sie stehen schon seit zehn Minuten hier und schauen in den Park. Und reden mit sich selbst."
„Zehn Minuten? Oh ...". So lange? Ben hat es gar nicht gemerkt.
„Danke, alles ist gut. Ich habe nur ... Ach, egal. Schönen Abend noch."
Ben geht schnell weiter.
Dann steht er vor einem Club.
‚Nein, hier will ich nicht sein', denkt er. Und dann sagt er es auch laut: „Nein, nicht hier!"
Aber vielleicht ... war genau das sein Ziel. Die ganze Zeit.
Vielleicht wollte er hierher. Denn in diesem Club ...
„Was ist mit dir? Gehst du nun hinein oder nicht?"
„Was ...?"
Eine Frau steht vor ihm.
„Ich ... ich weiß es nicht", sagt Ben.
„Na, dann entscheide dich. Du stehst in der Tür."
„Oh, entschuldige!" Ben lässt die Frau vorbeigehen.
Dann geht auch er durch die Tür.

Die Musik ist laut. Die Lichter hell, dann wieder dunkel. Rot, grün, gelb.
Ben trinkt ein Bier, dann geht er auf die Tanzfläche. Er hört die Musik, *fühlt* die Musik. Seine Beine und Arme bewegen sich. Er kann gar nicht anders.

---

die Tanzfläche: dort tanzt man

Er tanzt. Er schreit. Niemand hört ihn, die Musik ist zu laut. Ben lacht.

„Hey, du …", sagt eine Frau neben ihm.
„Wie bitte?", ruft er.
„Du tanzt gut." Sie lächelt.
„Oh, danke." Er lächelt zurück.
Das hat Amelie auch gesagt, als sie hier tanzen waren. Ein paar Tage nach dem kurzen Kuss bei der Straßenbahn.
„Aber nicht so gut wie du!", hat er gesagt.
Und dann haben sie sich zum ersten Mal geküsst. So richtig geküsst, nicht nur kurz, wie bei der Straßenbahn. Danach waren sie ein Paar.
Die Frau neben Ben sieht nett aus. Vielleicht lernt er heute Abend ja doch eine neue Frau kennen.
„Du tanzt aber auch sehr gut", sagt er zu ihr.

---

schreien: laut rufen

lächeln: ein bisschen lachen

küssen: die Lippen berühren sich

„Ich habe dich hier noch nie gesehen", ruft sie.
„Früher war ich öfter hier. Aber jetzt schon länger nicht mehr."
„Ach so ... Ich heiße übrigens Finja."
„Ich bin ..."
Da sieht er sie. Auf der anderen Seite der Tanzfläche.
„Amelie!", ruft Ben. „Amelie!" Aber sie hört ihn nicht. Die Musik ist zu laut.
„Amelie! Ich muss mit dir reden! Amelie, ich bin ..."
Aber sie dreht sich um. Sie dreht sich einfach um und geht weg. Zum Ausgang.
Hat sie ihn nicht gesehen? Oder wollte sie nicht mit ihm reden? Oder war sie es gar nicht?
„Tut mir leid, ich muss gehen", sagt Ben zu Finja.
Er will schnell zum Ausgang, aber die Tanzfläche ist voll.
„Entschuldigung", ruft er immer wieder. „Entschuldigung. Ich muss hier durch."
Aber es dauert lange. Viel zu lange. Amelie ist schon zur Tür hinaus. Er darf sie jetzt nicht verlieren. Weiter ...
Dann ist er draußen in der Nacht. Er sieht nach links, nach rechts.
Niemand. Die Straße ist leer.
Nur eine Frau sitzt auf der Bank neben dem Eingang zum Club. Das ist nicht Amelie. Aber vielleicht hat sie Amelie gesehen.

▶ 03 Kapitel 3: Die Hausaufgabe

„Haben Sie die Frau gesehen?"
„Welche Frau?"
„Die aus dem Club gekommen ist."
„Ich habe keine Frau gesehen."
Gerade ist Amelie aus dem Club gegangen. Warum hat die Frau auf der Bank sie nicht gesehen?
Er versucht es noch einmal: „Sie war sicher hier. Wohin ist sie gegangen?"
„Rufen Sie sie doch an."
„Das ist nicht so einfach."
„Warum?"
„Ich … ich habe ihre Nummer nicht."
„Vielleicht will diese Frau gar nicht mit Ihnen reden."
„Aber nein! Sie ist …"
„Vielleicht sind Sie ein Stalker. Und deshalb ist sie gegangen. Und ich soll Ihnen jetzt sagen, wie Sie sie finden können?"
„Nein, nein, was denken Sie? Sie hat mich gar nicht gesehen. Ich will einfach nur mit ihr reden."
„Ich hatte mal Probleme mit einem Stalker. Man kann nicht vorsichtig genug sein. Was wollen Sie denn mit ihr reden?", fragt die Frau auf der Bank.
„Das ist privat."
„Ich mache Ihnen einen Vorschlag: Sie sagen mir, was Sie mit ihr reden wollten. Und dann sage ich Ihnen vielleicht, wohin sie gegangen ist."
„Sie haben Sie also doch gesehen."
„Könnte sein."
„Also gut: Wir waren früher zusammen. Sie hat mit mir Schluss gemacht. Ich habe sie seit einem Jahr nicht mehr gesehen. Ich möchte, dass sie mir noch eine Chance gibt."

der Stalker, die Stalkerin: er/sie läuft einer anderen Person nach

„Für mich sieht das so aus: Sie will nichts mehr von Ihnen wissen. Und Sie sind vielleicht wirklich ein Stalker."
„Kennen Sie das denn nicht?"
„Was?"
„Sie lieben eine Person, aber die geht einfach weg."
„Doch, das kenne ich schon."
„Und was haben Sie gemacht?", fragt Ben.
„Ich habe ihn weggehen lassen."
„Einfach so? Es hat Sie nicht gestört?"
„Was für eine blöde Frage! Natürlich hat es mich gestört. Es war schrecklich. Ich habe gedacht, mein Leben ist vorbei."
„Und Sie haben nicht gekämpft?"
„Natürlich habe ich gekämpft. Aber irgendwann war es genug. Irgendwann habe ich verstanden, dass es wirklich aus ist."
„Das kann ich nicht. Nie."
„Wollen Sie sich nicht setzen? Sie sehen müde aus."
„Danke." Ben setzt sich zu der Frau auf die Bank. Er ist wirklich müde.
„Ich bin Ben", stellt er sich vor.
„Hallo. Mira."
Sie sitzen einige Zeit da und sagen nichts.
„Wie lange ist es her?", fragt Mira dann.
„Heute vor einem Jahr hat Amelie Schluss gemacht. Genau an meinem Geburtstag."
„Das ist hart."
„Das ist es."
„Sie müssen jetzt weitergehen."
„Oh, Entschuldigung." Ben steht auf. „Ich will Sie nicht länger stören."

---

kämpfen: hier: alles versuchen

„So meine ich das nicht", sagt Mira. „Setzen Sie sich wieder.
Sie müssen im Leben weitergehen. Amelie loslassen."
„Alle sagen mir das. Aber ich glaube nicht, dass ich das kann."
Ben setzt sich wieder auf die Bank.
„Machen Sie etwas Neues. Fangen Sie klein an. Ein neues Hobby
zum Beispiel."
„Das hilft mir nicht."
„Treffen Sie wieder andere Frauen."
„Das geht nicht."
„Warum?"
„Was ist, wenn ich eine kennenlerne, die ich mag?", fragt Ben.
„Das ist doch gut."
„Nein, das will ich ja auch nicht. Ich will mit Amelie zusammen
sein."
„Das ist ziemlich verrückt."
„Da haben Sie recht." Ben lacht. „Ich weiß aber auch gar nicht
mehr, wie das geht: andere Frauen kennenlernen. Ich habe das
so lange nicht mehr gemacht."
„Versuchen Sie es einfach", sagt Mira. Sie denkt nach.
„Wissen Sie was? Das ist Ihre Aufgabe für heute Nacht:
Sprechen Sie mit fünf unbekannten Frauen."
„Meine Aufgabe?"
„Ja. Ihre Hausaufgabe. Wie in der Schule."
„Und Sie sind die Lehrerin."
„Könnte man so sagen." Mira lacht.
„Auch ein bisschen verrückt, oder?"
„Vielleicht. Aber Sie sollten es wirklich versuchen.
Was können Sie schon verlieren?"
Ben sieht in die Nacht hinein.

---

loslassen: hier: sie gehen lassen

„Sehen Sie mal, hier kommt gerade eine Frau", sagt Mira.
„Probieren Sie es doch einfach aus."
„Hier? Jetzt? Ich weiß nicht."
„Kommen Sie schon, was kann Ihnen passieren?"
„Das stimmt. Also gut …"
Ben steht auf und geht zu der Frau.
„Entschuldigung", sagt er.
„Äh … ja, bitte?"
„Ich würde gern …"
„Ja?"
„Ach, nichts."
Ben geht schnell zurück zur Bank.
„Das war aber gar nicht gut", sagt Mira.
„Ich weiß."
„Da müssen Sie noch viel üben."
„Vielleicht versuche ich es später noch einmal", sagt Ben.
„Darf ich Sie gleich als die erste Frau zählen? Sie waren ja auch eine Unbekannte für mich."
„Wenn Sie wollen."
Ben steht auf.
„Danke für das Gespräch", sagt er. „Das war gut für mich."
„Kein Problem. Alles Gute für Ihre Hausaufgabe. Aber wenn eine Frau nicht mit Ihnen reden möchte – laufen Sie ihr bitte nicht nach."
„Was denken Sie denn? Ich bin doch kein Stalker."
„Ich bin da immer noch nicht ganz sicher."

Kapitel 4: Fünf Rosen

Ben geht die Friedrichstraße entlang zur Spree und setzt sich an einen Tisch vor einem Restaurant, das noch offen hat. Er isst eine Currywurst und trinkt eine Limo.
Mit unbekannten Frauen reden … Wie macht man das?
„Guten Abend. Die schönsten Rosen! Kaufen Sie eine Rose!"
Was? Eine Rose? Wer …?
Ben hat den Verkäufer gar nicht kommen sehen.
„Warum soll *ich* eine Rose kaufen?", fragt er ihn.
„Die können Sie Ihrer Freundin schenken."
„Ich habe keine Freundin."
„Dann schenken Sie sie einer anderen Frau. Vielleicht wird sie Ihre neue Freundin."
‚Hm … das ist gar keine so schlechte Idee', denkt Ben. ‚Vielleicht kann ich so leichter mit Frauen reden. Ich schenke ihnen eine Rose.'
„Ich nehme fünf", sagt er zum Rosenverkäufer.
„Sehr gute Idee. Viel Glück!"

Dann liegen sie neben ihm … fünf Rosen.
‚Jetzt oder nie', denkt Ben.
„Hallo", sagt er, als eine Frau vorbeigeht. „Darf ich Ihnen eine Rose schenken?"
„Eine Rose? Hallo? Sehe ich aus wie meine Oma?"
„Wieso Oma?"
„Na ja, einfach so eine Rose schenken, das ist schon ein bisschen altmodisch, finden Sie nicht?"
„Ich weiß nicht."
„Warum wollen Sie mir überhaupt eine Rose schenken?", fragt die Frau.

---

altmodisch: man hat es früher so gemacht

„Das ... das ist eine lange Geschichte."
„Machen Sie es kurz."
„Also gut, ich versuche es. Vor einem Jahr hat meine Freundin mit mir Schluss gemacht. Und jetzt ..."
„Und jetzt suchen Sie eine neue?"
„Nein ... na ja ... So einfach kann man das nicht sagen."
„Nicht? Aber warum schenken Sie mir dann die Rose?"
„Wie gesagt, es ist eine lange Geschichte."
„So viel Zeit habe ich nicht. Ich bin müde. Ich möchte nach Hause."
„Kein Problem. Nehmen Sie einfach die Rose. Morgen freuen Sie sich sicher über eine Blume in Ihrer Wohnung."
„Das kann ich schon machen. Aber was wollen Sie ...?"
„Ich brauche diese Rose nicht mehr. Bitte nehmen Sie sie einfach."
„Also gut ... vielen Dank."
Sehr gut. Nummer 1 geschafft.

Bald geht wieder eine Frau vorbei.
„Entschuldigen Sie bitte, darf ich Ihnen …"
„Reden Sie mit mir?" Die Frau sieht sich um.
„Ja, genau, mit Ihnen. Darf ich Ihnen eine Rose schenken?"
„Ich weiß nicht, ich kenne Sie ja gar nicht."
„Ich heiße Ben. Hallo. Jetzt kennen Sie mich ein bisschen. Jetzt können Sie auch die Rose nehmen."
„Ich heiße Ella. Okay, jetzt dürfen Sie mir die Rose geben. Aber ich sage es gleich: Ich setze mich nicht zu Ihnen und trinke auch nichts mit Ihnen. Ich habe einen Freund."
„Das ist schon okay", sagt Ben und gibt ihr die Rose. „Ich sitze gern alleine hier."
„Aber warum schenken Sie mir dann die Rose?"
„Das ist eine lange Geschichte."
„Machen Sie es kurz, bitte. Ich bin schon müde."
„Ich habe heute Geburtstag", sagt er. „Ich habe 30 Rosen bekommen."
‚Wenn niemand meine wirkliche Geschichte hören will, dann erzähle ich einfach eine andere', denkt Ben.
„Dann haben Sie – lassen Sie mich zählen – heute wahrscheinlich schon 26 Frauen eine Rose geschenkt. Ich glaube, dann will ich keine Rose von Ihnen."
„Nein, nein, 25 Rosen sind … in die Spree gefallen."
„Und die 26. Rose?"
„Die hat meine Oma bekommen."
„Das ist aber nett von Ihnen. Dann nehme ich die Rose gern. Danke!"
Rose Nummer 2. Sehr gut. Das war schon ein bisschen leichter.

„Guten Abend", sagt er zur nächsten Frau. „Darf ich Ihnen diese Rose schenken?"
„Vergessen Sie es!"
„Was vergessen?"
„Ich gehe nicht mit Ihnen nach Hause!"
„Aber das habe ich doch gar nicht gesagt."
„Aber gedacht haben Sie es, oder?"
„Ich …"
„Und da liegen noch mehr Rosen. Wenn Sie es bei mir nicht schaffen, dann vielleicht bei der nächsten. Ihr Männer seid doch alle gleich!"
„Wissen Sie, ich habe heute 30 Rosen bekommen und …"
„30 Rosen? So oft haben Sie es heute schon versucht?"
„Nein, 25 Rosen sind …"
„Ich will gar nichts mehr hören. Die anderen Frauen haben ja zum Glück auch so gedacht wie ich."
„Aber meine Oma …"
„Erzählen Sie mir nichts über Ihre Oma."
„Ich habe gar nicht …"
„Wissen Sie was? Sie dürfen mir diese Rose schenken. Aber sonst nichts. Ich gehe und Sie sehen mich nie wieder."
„Sehr gut. Genauso habe ich mir das gedacht."
„Sie haben was …? Ach kommen Sie, Sie sind doch verrückt."
Die Frau nimmt die Rose – und weg ist sie.
‚Das war jetzt nicht so angenehm', denkt Ben. ‚Aber Rose Nummer 3 ist geschafft.'
Die Straße ist leer. Ben trinkt einen Kaffee und wartet.

Nach einiger Zeit kommt wieder eine Frau.
„Entschuldigen Sie, darf ich Ihnen eine Rose schenken?"

„Das ist aber nett", sagt die Frau.
„Sie finden das … nett?"
„Ja klar, jeder bekommt gern eine Rose geschenkt, oder?"
„Sie haben ja keine Ahnung."
„Aber warum schenken Sie mir die Rose?", fragt die Frau.
„Einfach so."
„Danke." Sie nimmt die Rose. „Ich heiße Annette. Und Sie?"
„Ich bin Ben." Er gibt ihr die Hand.
„Hallo Ben. Darf ich mich zu Ihnen setzen?"
„Ich … ich wollte Ihnen nur die Rose schenken. Ich sitze eigentlich gern alleine hier."
„Ach so … schade." Annette riecht an der Blume. „Aber danke für die Rose."
„Sehr gern."
„Auf Wiedersehen."
Ben sieht der Frau nach. An der nächsten Ecke schaut sie noch einmal kurz zurück und winkt.
‚War das ein Fehler?', denkt er. ‚Hätte ich länger mit ihr reden sollen? Vielleicht …'
Aber nein, lieber Schritt für Schritt. Heute Abend nur kurze Gespräche. Das nächste Mal vielleicht jemanden richtig kennenlernen.
Nur noch eine, dann ist die „Hausaufgabe" geschafft.
‚Aber halt, ich bin ja schon fertig', denkt Ben. ‚Die erste Frau war ja die beim Club. Dann habe ich heute ja schon mit fünf unbekannten Frauen geredet. Gar nicht schlecht für eine Nacht!'
Ben zahlt und steht auf.
‚Und die fünfte Rose ist für mich. Man darf ja auch mal nett zu sich selbst sein.'

Kapitel 5: An der Spree

„Ist die für mich?"
„Was meinst du?"
„Die Rose."
„Nein, das ist meine", sagt Ben.
„Hast du die von deiner Freundin bekommen?"
„Die habe ich mir selbst gekauft."
„Das ist aber ein bisschen traurig."
„Vielleicht."
Ben sieht die Frau an, die vor ihm steht. Rosa Haare, buntes Kleid. Sie sieht ein bisschen verrückt, aber nett aus.
„Was machst du hier?", fragt sie.
„Ich ... ich sitze hier."
Ben hat nach dem Kaffee einen Spaziergang an der Spree gemacht. Als er müde war, hat er sich auf eine Bank am Wasser gesetzt.
„Ja, das sehe ich. Aber um diese Zeit? Allein? Auf einer Bank an der Spree? Da hast du doch sicher eine interessante Geschichte zu erzählen."
„Es ist eine lange Geschichte. Aber niemand will sie hören. Und ich möchte eigentlich nur hier sitzen und auf das Wasser schauen."
„Hier ist es wirklich schön. Man sieht so viele Lichter auf dem Wasser." Die Frau setzt sich neben Ben.
„Ich bin Iris", sagt sie dann und will ihm die Hand geben.
„Aha ...", sagt Ben.
„Jetzt kommt der Teil, wo du mir deinen Namen sagst. Falls du das vergessen hast."
„Wie gesagt, eigentlich möchte ich lieber alleine ..."
„Ach komm schon, so schlimm ist das auch nicht, wenn du mir kurz deinen Namen sagst."

„Ben." Er gibt ihr die Hand.
„Ben also … Wie war dein Abend, Ben?"
‚Irgendetwas ist komisch mit dieser Frau', denkt Ben. ‚Sie ist zu aktiv, sie kann nicht mal ruhig sitzen.'
„Was ist los mit dir?", fragt er. „Warum bist du so …"
„Unruhig?"
„Ja, genau. Es ist spät. Die meisten Leute sind um diese Zeit müde. Und hier am Wasser ist es eigentlich ganz besonders ruhig."
„Ich hatte heute eine Vernissage."
„Eine was?"
„Ich bin Künstlerin. Heute Abend hat meine neue Ausstellung zum ersten Mal geöffnet."
„Oh … das ist ja cool. Was für Bilder malst du denn?"
„Ich kann dir ein paar auf meinem Smartphone zeigen, wenn du willst."
„Ja, gern." Eigentlich wollte Ben ja lieber allein sein. Aber diese Bilder möchte er nun doch sehen. Man trifft ja nicht jeden Tag eine Künstlerin an der Spree.

---

die Vernissage: wenn eine Ausstellung beginnt

„Und die sind alle in deiner neuen Ausstellung?", fragt er.
„Die sind echt gut."
„Danke."
„Aber wenn heute die Vernissage war – gibt es da nicht eine Party oder so etwas Ähnliches? Warum bist du nicht dort?"
„War ich ja", sagt Iris. „Aber ich konnte nicht lange bleiben. Ich war zu …"
„… unruhig."
„Genau. Unruhig, traurig, glücklich. Alles zusammen."
„Sehr unterschiedliche Gefühle."
„So ist das immer bei einer neuen Ausstellung. Es ist so viel los vor der Vernissage, ich arbeite viel, ich telefoniere viel mit den Leuten von der Galerie. Ich trinke viel Kaffee und schlafe wenig. Da kann ich danach nicht plötzlich sagen: So, aus, vorbei. Jetzt bin ich wieder ruhig."
„Das klingt nach viel Stress."
„Ja, aber versteh mich nicht falsch. Ich liebe das. Eine Ausstellung machen, das ist wirklich eine tolle Sache. Ich möchte ja, dass viele Leute meine Bilder sehen. Und vielleicht kaufen sie dann auch ein paar."
„Ja, ich kann verstehen, dass du glücklich bist", sagt Ben. „Aber warum bist du auch traurig?"
„Na ja, meine Bilder sind wie ein Teil von mir. Und jetzt sind sie alle weg."
Sie sitzen eine Zeitlang da und schauen auf die Spree.
„Und jetzt?", fragt Ben dann.
„Keine Ahnung. Es ist alles leer."
„Dein Atelier?"
„Mein Kopf."
„Jetzt musst du weitergehen. Neue Ideen finden."
Ben lacht.
„Findest du das lustig?", fragt Iris.

---

das Gefühl: das fühlt man

die Galerie: dort ist die Ausstellung

das Atelier: dort malt eine Künstlerin / ein Künstler

„Nein, das ist nicht lustig. Gar nicht. Ich habe nur gelacht, weil …
Meine Freunde sagen das immer zu mir: Du musst weitergehen.
Und mich stört das. Aber jetzt habe ich es selbst gesagt."
„Warum sollst *du* weitergehen? Suchst du auch nach neuen
Ideen?"
„Nein, bei mir ist es etwas anderes. Meine Freundin hat Schluss
gemacht. Und meine Freunde sagen immer: Du musst neue
Frauen kennenlernen."
„Und, machst du das?", will Iris wissen.
„Bis heute Abend eigentlich nicht. Da habe ich immer nur an
Amelie gedacht. Aber heute habe ich schon fünf neue Frauen
kennengelernt."
„Das ist ganz schön viel für einen Abend."
„Ja, finde ich auch." Ben ist ziemlich stolz.
„War eine dabei, die du näher kennenlernen möchtest?"
„Eigentlich nicht."
„Schade."
„Kann man nichts machen."
„Das ist fast wie bei mir", findet Iris. „Etwas Altes ist zu Ende,
aber das Neue hat noch nicht begonnen."
„Ja … so könnte man es sagen. Gefällt mir."
Iris steht auf.
„Gehst du schon?", fragt Ben.
„Ja, ich muss."
„Warum?"
„Ich kann nicht sitzen bleiben. Ich muss etwas tun."
„Es ist zu ruhig hier?"
„Ja, genau." Iris lacht.
Ben findet es schade, dass sie gehen möchte.
„Was kann ich tun, damit du noch ein bisschen bleibst?"
„Nichts, ich muss einfach los."

---

stolz sein: sich gut finden

„Und wenn ich dir die Rose schenke, bleibst du dann noch?",
fragt er.
„Ich glaube nicht."
„Ich schenke sie dir trotzdem."
Er gibt ihr die Blume.
„Danke. Das ist nett von dir."
„Wohin gehst du jetzt?"
„Ich habe keine Ahnung." Sie denkt kurz nach. „Möchtest du nicht mitkommen?"
„Ich weiß nicht. Ich wollte eigentlich noch ein bisschen hier sitzen bleiben."
„Schade."
„Aber ich wünsche dir viel Glück."
„Glück für was?"
„Na ja, dass du bald eine gute Idee für dein nächstes Bild hast."
„Danke."
Iris geht ein kleines Stück, dann bleibt sie stehen.
Und kommt zurück.
„Weißt du was?", sagt sie. „Ich glaube, ich habe schon eine gute Idee …"

Kapitel 6: Die Nase ist zu groß!

„Du möchtest *mich* malen?", fragt Ben. „*Das* ist deine gute Idee?"
„Ja, genau. Hast du Lust?"
„Ich weiß nicht, ich habe so etwas noch nie gemacht."
„Komm schon, es kann dir nichts passieren."
„Also gut, aber ..."
„Kein Aber. Gehen wir. Es ist gleich hier in der Nähe."

Iris' Atelier gefällt Ben. Ein paar Bilder stehen in einer Ecke, die Fenster sind groß und gehen nach Süden. Am Tag ist es hier sicher sehr hell.
Iris steht hinter einer weißen Leinwand und bereitet alles vor.
„Wie willst du mich malen?", fragt Ben.
„Ich weiß noch nicht. Setz dich mal auf diesen Stuhl ... Nein, das passt nicht ganz ... Stell dich vielleicht zum Tisch ... Hm, nein, auch nicht. Geh bitte zum Fenster ... Ja, genau. So ist es gar nicht schlecht."
„Und so muss ich jetzt stundenlang stehen?"
„So lange wird es hoffentlich nicht dauern."
Iris beginnt zu malen.
Nach einer Zeit sagt sie: „Weißt du was? Ich möchte dich nicht hier im Atelier malen."
„Wo willst du hingehen?"
„Nein, nein, so meine ich das nicht. Wir bleiben natürlich hier. Ich meine den Hintergrund. Wo möchtest du gern sein?"
„Keine Ahnung ...", sagt Ben. „Am Alexanderplatz? Da war ich am Abend mit Freunden essen. Auf dem Fernsehturm."
„Nein, das gefällt mir nicht. Etwas Anderes."

---

die Leinwand: auf der Leinwand malt eine Künstlerin / ein Künstler

der Hintergrund: im Bild hinten

„Vielleicht am Strand? Das sieht immer schön aus."
„Ich finde, das passt nicht so gut zu dir", meint Iris.
„Du kennst mich ja kaum."
„Ich weiß. Aber so etwas fühle ich."
„Ich war als Kind immer in Italien im Urlaub", sagt Ben.
„Lustig, wir waren da auch immer. Die ganze Familie."
„Dann passt es doch gut."
„Nein, das ist schon lange her", meint Iris. „Was gefällt dir *jetzt*? Wo möchtest du jetzt gern sein?"
„Hm … Wie wäre es mit: im Eis."
„Was soll das heißen – im Eis?"
„Im ewigen Eis", sagt Ben. „Im Norden. Wo es das ganze Jahr kalt ist. Wo es nur eines gibt: Eis. Berge von Eis."
„Das gefällt mir. In Island vielleicht?"
„Ja, zum Beispiel. Ich wollte immer schon mal auf einem Berg stehen – und alles ist weiß, ganz egal, wohin man schaut."
„Das klingt toll. Links, rechts, vorne, hinten, nur Eis."
„Besonders schön ist es dort sicher in der Nacht …"
„Unter einem Himmel mit Millionen Sternen."
„Und dann noch ein Nordlicht", sagt Ben. „Die Aurora borealis. Das war immer mein Traum."
„Ich wollte das auch immer schon mal sehen."
„Wirklich?", fragt Ben. „Du auch? Dann müssen wir mal gemeinsam nach Island fahren."
„Genau. Machen wir."
Beide lachen. Dann malt Iris weiter.

Nach einiger Zeit meint Ben: „Aber glaubst du nicht, dass es dann vielleicht ein bisschen traurig aussieht, das Bild? Alles leer, nur Eis …"
„Na ja, du bist doch auch traurig, oder?", sagt Iris.

| ewiges Eis: das Eis bleibt dort das ganze Jahr | das Nordlicht: buntes Licht am Himmel in der Nacht. Dieses Licht kann man nur ganz im Norden sehen. | die Aurora borealis: das Nordlicht |

„Bin ich das?"
„Wegen deiner Freundin, meine ich."
„Jetzt gerade fühle ich mich eigentlich gar nicht traurig", sagt Ben.
„Vielleicht, weil du schon lange nicht mehr an … ich habe ihren Namen vergessen …"
„Amelie."
„… Amelie gedacht hast."
„Vielleicht."
„Aber ich glaube auch gar nicht, dass das Bild traurig wird", meint Iris. „Alles ist weiß und kalt, stimmt schon, aber das kann auch sehr schön sein. Da hat man Platz für Gedanken, für Fantasien."
„Das ist auch gut. Im ewigen Eis ist alles möglich."
„Genau, und jetzt Ruhe bitte! Ich male."

Sie sehen sich gemeinsam das fertige Bild an.
„Ich finde, die Nase ist zu groß", sagt Ben.

die Fantasie: es ist nicht wirklich, man denkt es sich nur aus

„So siehst du aber aus."
„Das glaube ich nicht."
„Soll ich dir einen Spiegel bringen?"
„Und die Augen … Ich finde, ich sehe ein bisschen komisch aus. Jetzt verstehe ich auch, warum Amelie Schluss gemacht hat."
Ben lacht.
„Wieso? Ich finde, du siehst gut aus."
„Wirklich?"
„Ja, klar. Glaubst du, ich setze mich zu einem Mann an die Spree, der mir nicht gefällt?", fragt Iris.
„Ich habe geglaubt, dir ist einfach langweilig. Und du brauchst jemanden zum Reden."
„Das auch. Aber das wäre nicht genug."
„Also gut … dann vielen Dank. Du siehst aber auch sehr gut aus."
„Das brauchst du jetzt nicht zu sagen."
„Ich meine es aber so", sagt Ben.
„Danke."
Sie sehen sich an und keiner redet etwas.
„Also … äh … das Bild …", sagt Ben dann.
„Ja?"
„Ich finde es sehr schön."
„Auch wenn die Nase zu groß ist?"
„Mir gefällt besonders das Nordlicht."
„Mir auch. Das möchte ich wirklich gern einmal sehen. So richtig. Nicht nur auf Bildern."
„Zeigst du das Bild bei deiner nächsten Ausstellung?"
„Ich weiß noch nicht … aber ich glaube nicht", sagt Iris.
„Warum nicht? Es ist doch schön."
„Das Bild gehört nur dir und mir. Das ist unsere Nacht. Unser Traum … Weißt du was? Ich schenke dir das Bild."

---

der Spiegel: in einem Spiegel kann man sich selbst sehen

„Das geht doch nicht."
„Willst du es nicht?"
„Doch, klar will ich es. Das sieht sicher super aus in meiner Wohnung", sagt Ben.
„Und was machen wir jetzt?", fragt er dann.
„Jetzt fahren wir nach Island."
„Wie bitte?"
„Das hast du doch vorgeschlagen", sagt Iris.
„Ja, aber das war eigentlich ein Witz."
„Schade. Bist du sicher?"
„Ja ... nein ... Willst du denn nach Island fahren?"
„Schön wäre das schon."
„Das stimmt", sagt Ben. „Schön wäre das schon."
„Wir könnten uns natürlich auch einfach an die Spree setzen und einen Kaffee trinken. Oder frühstücken. Es wird ja schon bald wieder hell."
„Könnten wir auch. Aber ich finde das mit Island eigentlich eine gute Idee."
„Jetzt gleich?", fragt Iris.
„Äh ja ... warum nicht?"
„Vielleicht gibt es jetzt gar keinen Flug nach Island", meint Iris.
„Stimmt ... Aber wir könnten ja mal schauen. Einfach so, zum Spaß."
„Genau. Wir müssen ja dann nicht fahren."

Kapitel 7: Am frühen Morgen

Ben und Iris holen ihre Smartphones und suchen nach Flügen nach Island.
„Ich habe einen gefunden", sagt Iris. „Er geht in drei Stunden."
„Dann habe ich den gleichen gefunden."
„Drei Stunden ... das könnten wir noch schaffen."
„Wenn wir wirklich wollen."
„Ich glaube, wir wollen."
„Ich glaube auch", sagt Ben. „Soll ich buchen?"
„Dann müssen wir aber auch wirklich fliegen."
„Ja, müssen wir. Also?"
„Okay, mach es!"

Jetzt haben sie es eilig. Iris packt schnell ein paar Dinge in einen Koffer. Dann rufen sie ein Taxi.
Zuerst fahren sie kurz zu Bens Wohnung. Er braucht andere Kleidung für Island. Im ewigen Eis ist es ein bisschen kälter als in Berlin.
Dann fahren sie zum Flughafen.
„Bist du müde?", fragt Ben im Taxi.
„Warum?"
„Wir haben die ganze Nacht nicht geschlafen."
„Ich hätte nichts gegen einen Kaffee."
„Ein Kaffee an der Spree und ein frisches Brötchen, wäre das jetzt besser?"
„Nichts ist besser als das Nordlicht."
Den Rest der Fahrt reden sie nichts mehr und sehen nur aus dem Fenster.
Berlin wacht langsam auf.

Am Flughafen gehen sie zum Check-in.
„Ich weiß eigentlich gar nichts über dich. Nicht mal, was dein Familienname ist", sagt Iris. „Was du arbeitest. Ob du Geschwister hast. Und wir wollen gemeinsam nach Island fahren?"
„Hallo, ich heiße Ben Krischke", sagt Ben und gibt ihr die Hand.
„Ich arbeite bei einer kleinen Softwarefirma. Wir machen Computerspiele. Ich habe einen älteren Bruder."
„Hallo Herr Krischke, freut mich. Mein Name ist Iris Marlin. Ich bin Künstlerin."
„Künstlerin ... Das habe ich schon gewusst. Du musst mir etwas anderes über dich erzählen."
„Okay ... Ich lebe seit zehn Jahren in Berlin. Aber eigentlich komme ich aus Konstanz in Süddeutschland."
„Da war ich noch nie."
„In Konstanz leben auch meine Eltern. Und meine Schwestern."
„Wie viele Schwestern hast du?"
„Zwei. Eine ist Ärztin. Die andere arbeitet in einem Möbelgeschäft."
„Siehst du, jetzt kennen wir uns schon viel besser. Jetzt können wir auch einchecken, oder?"
Sie zeigen ihre Tickets und Personalausweise und geben ihre Koffer ab. Danach gehen sie weiter zu ihrem Gate.
Dort setzen sie sich in ein Flughafencafé.
„Jetzt bekommen wir doch noch unseren Kaffee", sagt Ben.
„Ja, das ist gut. Und Frühstück. Ich habe ein richtiges Loch im Bauch."
Sie bestellen Kaffee, Eier, Schinken und Brötchen.
„Und weißt du was?", sagt Iris. „Hier ist es eigentlich fast noch besser als an der Spree. Schau doch mal raus!"

---

der Check-in: dort meldet man sich an und bringt sein Gepäck hin, bevor man fliegt

einchecken: sich anmelden, bevor man fliegt

das Gate: dort steigt man ins Flugzeug ein

Flugzeuge kommen an und fliegen wieder ab, Busse mit
Menschen fahren von den Gates zu den Flugzeugen.
‚Wer sind all diese Menschen?', denkt Ben. ‚Sind es Touristen?
Oder reisen sie beruflich? Haben sie ihren Flug schon länger
geplant? Oder erst vor drei Stunden?'
Und alles ist in diesem besonderen Licht, das es nur am frühen
Morgen gibt.

„Was ist deine größte Angst?", fragt Ben.
„Meine was? Warum willst du das jetzt wissen?"
„Ich will dich auch ein bisschen besser kennenlernen – bevor
wir fliegen."
„Ach so ... Na ja okay, meine größte Angst ... ich glaube, dass ich
keine Farben mehr sehen kann."
„Warum sollte das denn passieren?"
„Weiß ich nicht. Aber dann könnte ich nicht mehr malen."

„Oder du malst nur noch Bilder in Schwarz und Weiß."
„Das wäre ein bisschen langweilig."
„Oder du malst nur noch Bilder vom ewigen Eis. Dort ist auch alles weiß."
„Aber dann könnte ich nicht einmal das Nordlicht malen."
Sie essen weiter.
„Und deine größte Angst?", fragt Iris dann.
Ben denkt nach. „Ich glaube, die war immer: Dass es mit Amelie wirklich aus ist."
„War?"
„Ja ... Ich glaube, es ist mir gar nicht mehr so wichtig."
„Und jetzt?"
„Jetzt habe ich vor nichts mehr Angst."
„Das ist doch Unsinn."
„Ach, lass mir doch diesen Moment. Später habe ich sicher wieder vor irgendetwas Angst."
„ACHTUNG, ACHTUNG! Flug U-3718 nach Reykjavik fliegt in wenigen Minuten ab. Die Passagiere Iris Marlin und Ben Krischke bitte zum Gate D21 kommen. Ich wiederhole, der Flug U-3718 nach ..."
Ben und Iris sehen auf die Uhr.
„Oh, wir haben viel zu lange Frühstück gegessen", sagt Iris.
„Komm, schnell, sonst fliegen sie ohne uns nach Island."
„Jetzt geht es also wirklich los ..." Ben steht neben seinem Koffer.
„Siehst du, jetzt hast du doch wieder Angst", sagt Iris.
„Angst, na ja ... Also okay, ein bisschen. Hast du denn keine?"
„Na klar habe ich Angst. Aber jetzt können wir nicht mehr zurück."
„Gate D21 schließt in wenigen Minuten. Alle Reisenden nach Reykjavik ..."

---

der Passagier: hier: er/sie fliegt in einem Flugzeug mit

Kapitel 8: Nordlicht

„So, und wo ist jetzt das Nordlicht?", fragt Iris.
„Und wo ist das Eis?", will Ben wissen.
Sie sitzen im Flughafen von Reykjavik und sehen aus dem Fenster. Sehr anders als zu Hause in Berlin sieht es hier eigentlich nicht aus.
„Ich bin müde", sagt Ben.
„Ich auch."
„Vielleicht gibt es in Island gar kein ewiges Eis."
„Vielleicht sind wir ins falsche Land geflogen."
„Ich hoffe nicht."
„Aber nicht mal im Internet nachsehen – vor dem Abflug – das war vielleicht keine gute Idee", meint Iris.
„Dann machen wir es eben jetzt." Ben nimmt sein Smartphone.
„Ich hole uns Kaffee", sagt Iris.
„Au ja, Kaffee! Und wenn du wieder hier bist, weiß ich hoffentlich schon mehr."
Zehn Minuten später kommt sie mit zwei Tassen zurück.
„Mhm ... riecht gut", sagt Ben.
„Also, jetzt sag schon!"
„Zuerst den Kaffee! Ich schlafe sonst ein."
Iris gibt ihm eine Tasse und Ben trinkt.
„Es gibt viel Eis in Island", sagt er dann. „Wir müssen nur zum Vatnajökull."
„Zum was?"
„Zum Vatnajökull. Das ist ein Berg. Ein Gletscher. Sehr groß. Fast ein Zehntel von ganz Island."
„Genug Eis für uns, denke ich", sagt Iris und lacht. „Und wie kommen wir dorthin?"

---

der Gletscher: ein Berg, auf ihm bleiben Schnee und Eis das ganze Jahr

das Zehntel: 10 %

„Das Beste ist, wir mieten ein Auto."
„Also gut, dann los! Auf was warten wir noch?"

Immer wieder bleiben sie an der Straße stehen, steigen aus dem Auto und sehen sich das Land an.
„Hier würde ich gern malen", sagt Iris einmal. „Das Licht ist so anders, viel klarer. Und die Farben ... ganz besonders. Schade, dass ich meine Malsachen nicht dabeihabe."
„Ich bin eigentlich ganz froh."
„Warum?"
„Na ja, was soll ich machen, wenn du malst?"
„Ich weiß nicht, ein wenig spazieren gehen? Hier ist es doch überall so schön. Oder ... ich male einfach noch einmal dich."
„Ich finde, ein Bild von mir ist genug", sagt Ben und lacht.
Sie fahren weiter.
In einer kleinen Stadt essen sie ein spätes Mittagessen.
Am frühen Abend kommen sie beim Vatnajökull an.
„Sollen wir heute noch ...?", fragt Ben.
„Ich glaube, jetzt muss ich mal in ein Hotel und richtig lange schlafen. Ich kann nicht mehr."
„Geht mir auch so."
„Und morgen gehen wir dann auf den Vatnajökull."

Sie frühstücken lang und viel, ziehen sich warm an und packen genug zu essen und trinken ein. Ein Stück weit können sie noch mit dem Auto fahren, aber dann müssen sie zu Fuß weitergehen. Zuerst ist alles grün und sie sehen immer wieder andere Touristen. An einem See setzen sie sich hin und machen eine Pause.

Dann wird das Eis immer mehr.
Es ist weiß, aber manchmal auch ein bisschen blau oder grün.
Langsam wird es kälter.
Und weißer.
Und irgendwann auch dunkler.
Die ersten Sterne stehen am Himmel. Und der Mond kommt.
Iris und Ben reden nicht viel. Sie gehen einfach immer weiter.
Und dann bleibt Ben irgendwann stehen.
„Was ist los?", fragt Iris.
„Ich glaube, wir sind … angekommen."
„Was meinst du?"
„Schau doch …"
Vor ihnen: nur Schnee und Eis. Hinter ihnen: auch alles weiß.
Es gibt hier keine andere Farbe mehr.
„Du hast recht. Jetzt sind wir wirklich im ewigen Eis."
„Wie gefällt es dir?", fragt Ben.
„Es ist … es ist wunderschön."
„Finde ich auch."
Sie stehen nur da und schauen. Eine Minute? Zehn? Eine halbe Stunde? Sie wissen es nicht.
Der Himmel über ihnen ist jetzt dunkel. Mit Millionen Sternen.
„Sieh mal", sagt Iris. „Diese Sterne dort … sieht das nicht ein bisschen aus wie der Fernsehturm in Berlin?"
„Ja, genau! Und dort, rechts, ist die Spree."
„Und dort ist auch eine Bank."
„Dort sitzen wir."
‚Wie lange ist das her?', denkt Ben.
‚Erst zwei Tage', denkt Iris. ‚Ich kann es kaum glauben.'
‚Es fühlt sich an wie 100 Jahre.'
‚Oder mehr.'

---

wunderschön: sehr schön

Iris geht ein bisschen näher zu Ben. Sie nimmt seine Hand.
Er will etwas sagen, lächelt dann aber nur.
Es fühlt sich gut an. Richtig.
‚Ich glaube, ich möchte am liebsten für immer hier bleiben‘,
denkt Ben.
‚Ich auch.‘

Und dann kommt es. Zuerst nur ein bisschen.
Aber dann wird es stärker.
Und dann leuchtet der ganze Himmel. Grün, gelb. Und auch ein
bisschen rot.
Das Nordlicht. *Aurora borealis*.
‚Hier im ewigen Eis ist wirklich alles möglich‘, denkt Ben und
geht noch ein kleines Stück näher zu Iris.
„Alles", sagt sie.

ÜBUNGEN

zu Kapitel 1

▶ 09 1. **Was wissen Sie über Ben? Hören Sie und ergänzen Sie die fehlenden Wörter.**

   a Ben hat heute ....
   b Ben ist im Restaurant auf dem ....
   c Ben hatte einen schönen .... mit seinen Freunden.
   d Bens .... sind bei seinem Geburtstag vor einem Jahr.

2. **Ben und Amelie. Verbinden Sie die Sätze.**

   a Ben und Amelie waren   1 noch nicht besser.
   b Amelie hat vor einem Jahr   2 Ben an Amelie.
   c Ben versteht nicht, warum   3 früher ein Paar.
   d Ben fühlt sich auch heute   4 Amelie das gemacht hat.
   e Alles in Berlin erinnert   5 mit ihm Schluss gemacht.

3. **Du musst weitergehen! Welche Antwort stimmt? Kreuzen Sie an.**

   a Was ist das Problem mit Martin?
   1 ○ Er will, dass es Ben schlecht geht.
   2 ○ Er versteht nicht, dass es Ben schlecht geht.

   b Was meinen Bens Freunde mit „Du musst weitergehen"?
   1 ○ Ben soll nicht mehr so viel an Amelie denken.
   2 ○ Er soll von der Feier weggehen.

   c Warum verlässt Ben das Restaurant?
   1 ○ Er möchte am liebsten alleine sein.
   2 ○ Er ist sauer auf Martin und seine Freunde.

4. **Was macht Ben als nächstes? Was denken Sie? Kreuzen Sie an und/oder ergänzen Sie.**

   a ○ Ben macht einen Spaziergang durch Berlin.
   b ○ Ben besucht Amelie.
   c ○ Ben fährt nach Hause.
   d ○ ....

zu Kapitel 2

1. Gute Erinnerungen. In jedem Satz ist ein Wort falsch. Korrigieren Sie.

    Vor einer Kneipe
    a Amelie sagt Ben, dass sie ihn ~~kennt~~. _liebt_
    b Ben hält ihre Tasche, sie sind sich nahe. _____

    Hackescher Markt
    c Ben wartet mit Amelie auf die Kellnerin. _____
    d Sie reden, trinken und sehen sich an. _____
    e Es ist warm, deshalb muss Amelie bald fahren. _____

    f Amelie gibt Ben schnell einen Apfel. _____

2. Schlechte Erinnerungen: Monbijoupark. Ergänzen Sie die Wörter.

    a Ben steht zehn Minuten beim P ___ k und denkt an Amelie.
    b Hier haben sie zusammen ein Pi ___ n ___ k gemacht.
    c Aber Amelie hat fast nur in ihrem B ___ h gelesen.
    d Und sie wollte Bens Hand nicht h ___ n.
    e Ben hat nicht v ___ st ___ den, was los ist.

3. Was passiert im Club? Was war früher (f), was ist heute (h)? Ergänzen Sie.

    a Amelie und Ben tanzen gemeinsam. _____
    b Ben tanzt alleine. _____
    c Ben lernt auf der Tanzfläche eine Frau kennen. _____
    d Amelie und Ben küssen sich. _____
    e Ben sieht Amelie und möchte mit ihr reden. _____
    f Ben kann Amelie vor dem Club nicht mehr sehen. _____

ÜBUNGEN

zu Kapitel 3

▶ 10   **1. Die Frau vor dem Club. Hören Sie und ergänzen Sie die Antworten.**

a Was will Ben von der Frau wissen?
Wohin Amelie ....

b Warum will die Frau Ben nichts über Amelie sagen?
Sie denkt, er ist ....

c Was soll Ben der Frau erzählen?
Was er mit Amelie ....

d Wie hat die Frau sich gefühlt, als ihr Freund Schluss gemacht hat?
Sie hat gedacht, ihr Leben ....

e Warum hat die Frau irgendwann nicht mehr um ihre Liebe gekämpft?
Sie hat verstanden, dass ....

2. Miras Vorschläge für Ben. Was ist richtig (r), was falsch (f)? Kreuzen Sie an.

	r	f
a Gehen Sie weiter!	○	○
b Halten Sie Amelie fest!	○	○
c Suchen Sie sich einen neuen Beruf!	○	○
d Treffen Sie andere Frauen!	○	○
e Sprechen Sie mit fünf unbekannten Frauen!	○	○

3. Bens Hausaufgabe. Ordnen Sie die Sätze.

a Hausaufgabe – Mira – eine – Ben – gibt

....

b spricht – unbekannten – gleich – Ben – Frau – mit – einer

....

c gar – er – gut – nicht – Das – kann

....

d später – Ben – möchte – einmal – probieren – noch – es

....

zu Kapitel 4

1. **Die ersten beiden Rosen. Was passt zur ersten Frau (1), was zur zweiten (2)? Auch beide Antworten sind möglich.**

   a Sie hat einen Freund. ....
   b Sie will sich nicht zu Ben setzen. ....
   c Sie findet es altmodisch, dass Ben ihr eine Rose schenkt. ....
   d Sie will keine lange Geschichte hören. ....
   e Sie will zuerst wissen, wer Ben ist. ....
   f Sie möchte wissen, warum Ben ihr eine Rose schenken will. ....

2. **Die dritte Rose. Welche Antwort ist richtig? Kreuzen Sie an.**

   a Warum erzählt Ben eine falsche Geschichte?
   1 ○ Er will nicht über seine Probleme reden.
   2 ○ Die Frauen wollen die richtige nicht hören.

   b Was denkt die dritte Frau über Ben?
   1 ○ Er will, dass sie mit ihm nach Hause geht.
   2 ○ Er erzählt zu viele Geschichten von seiner Oma.

   c Warum ist das Gespräch mit der dritten Frau für Ben nicht angenehm?
   1 ○ Die Frau ist wütend auf Ben.
   2 ○ Ben muss die ganze Zeit an Amelie denken.

3. **Die vierte und fünfte Rose. Streichen Sie die falschen Sätze.**

   a Die vierte Frau freut sich über die Rose.
   Sie findet Ben nett. Sie findet Ben komisch.
   b Sie möchte sich zu Ben setzen. *Aber Ben findet sie zu hässlich. Aber Ben bleibt lieber allein.*
   c Ben redet nicht lange mit der Frau. *Er glaubt, dass das ein Fehler war. Er ist zuerst nicht sicher, findet das dann aber gut.*
   d Die fünfte Rose nimmt Ben für sich. *Er hat genug von den Frauen. Er möchte nett zu sich selbst sein.*

ÜBUNGEN

zu Kapitel 5

1. **Ben trifft Iris. Ergänzen Sie die Wörter aus dem Kasten.**

   Atelier • Bilder • Künstlerin • Ausstellung • Galerie • Vernissage

   a Iris ist ....
   b Heute ist der erste Tag ihrer neuen ....
   c Am Abend war die ....
   d Iris zeigt Ben ihre .... auf dem Handy.
   e Sie hat sie in ihrem .... gemalt.
   f Die Ausstellung ist in einer ....

▶ 11 2. **Sehr unterschiedliche Gefühle. Hören Sie und beantworten Sie die Fragen.**

   a Warum ist Iris unruhig?

   b Warum ist Iris glücklich?

   c Warum ist Iris traurig?

3. **Musst du schon gehen? Lesen Sie die Zusammenfassung und ergänzen Sie die Wörter.**

   Ben sitzt mit Iris auf einer .... (kBna) (a) an der Spree. Sie sprechen über ihre .... (üeGhelf) (b), Ben über Amelie und Iris über ihre .... (lslAnuutseg) (c). Beide wissen noch nicht genau, wie es bei ihnen weitergehen soll. Iris ist sehr .... (riughnu) (d). Deshalb möchte sie schon nach kurzer .... (itZe) (e) weitergehen. Ben findet das schade. Er schenkt Iris seine letzte .... (oeRs) (f).

4. **Welche Idee hat Iris? Was denken Sie? Notieren Sie.**

zu Kapitel 6

▶ 12   1. Was machen Iris und Ben jetzt? Hören Sie und ergänzen Sie die Sätze.

a Iris möchte _____.
b Iris und Ben gehen in _____.
c Iris möchte Ben beim _____ malen.

2. Ewiges Eis. Wer sagt was? Verbinden Sie.

a Die *Aurora borealis* war immer mein Traum.

b Alles ist weiß, wohin man schaut.

c Links, rechts, vorne, hinten, nur Eis.

d Im ewigen Eis ist alles möglich.

e Da hat man Platz für Gedanken und Fantasien.

f Ein Himmel mit Millionen Sternen.

g In Island vielleicht?

h Berge von Eis.

3. Das Bild. Richtig (r) oder falsch (f)? Kreuzen Sie an.

	r	f
a Ben findet sich auf dem Bild sehr schön.	○	○
b Iris findet, dass Ben gut aussieht.	○	○
c Iris möchte das Bild bei ihrer nächsten Ausstellung zeigen.	○	○
d Iris schenkt Ben das Bild.	○	○

4. Wie geht es weiter? Was denken Sie? Kreuzen Sie an und/oder ergänzen Sie.

a ○ Ben und Iris fliegen nach Island.
b ○ Ben und Iris finden keinen guten Flug nach Island.
c ○ Ben und Iris essen an der Spree Frühstück.
d ○ _____

ÜBUNGEN

zu Kapitel 7

1. Wir fliegen! Welche Präposition passt? Ergänzen Sie.

   aus • im • in (2x) • zum

   a Iris und Ben finden .... Internet einen Flug nach Island.
   b Er geht schon .... drei Stunden.
   c Iris packt ein paar Dinge .... einen Koffer.
   d Ben holt warme Kleidung .... seiner Wohnung.
   e Danach fahren sie gemeinsam .... Flughafen.

▶ 13 2. Was erfahren Sie Neues über Iris und Ben? Hören Sie und ergänzen Sie die Tabelle.

	Familienname	Beruf	Geschwister
Ben			
Iris		Künstlerin	

3. Hast du Angst? Finden Sie die Wörter in der Buchstabenschlange und ergänzen Sie. Achten Sie auf die Groß- und Kleinschreibung.

RELMALENOKIWICHTIGFTDANGSTLONREISEMERTINBESSERBLA
FRÜHERWEKFARBENPRT

   a Ben möchte Iris .... kennenlernen.
   b Er fragt Iris nach ihrer größten ....
   c Sie hat Angst, dass sie keine .... mehr sehen kann.
   d Dann könnte sie nicht mehr ....
   e Ben hatte .... oft Angst wegen Amelie.
   f Aber jetzt ist sie ihm nicht mehr so ....
   g Beide haben ein bisschen Angst vor der ....

zu Kapitel 8

1. In Island. Ergänzen Sie die Wörter aus dem Kasten.

   Abend • Berlin • Internet • mieten • Licht

   a Auf dem Flughafen sieht es fast wie in .... aus.
   b Ben sieht im .... nach, ob es in Island ewiges Eis gibt.
   c Sie wollen zum Vatnajökull, deshalb .... sie ein Auto.
   d Das .... ist in Island ganz besonders.
   e Erst am .... kommen sie beim Vatnajökull an.

2. Der Weg auf den Vatnajökull! Was passiert wann? Ordnen Sie die Sätze und finden Sie das Lösungswort.

   C ⑤ Dann wird es kälter und es gibt immer mehr Eis.
   L ◯ Ein Stück können sie noch mit dem Auto fahren.
   E ◯ Irgendwann sind rund um sie nur noch Schnee und Eis.
   G ◯ Sie essen ein großes Frühstück.
   T ◯ Dann gehen sie zu Fuß weiter.
   H ◯ Es wird dunkler und man kann die ersten Sterne sehen.
   S ◯ Sie machen eine Pause bei einem See.

1	2		3	4	5	6	7
		E			C		R

2. Im ewigen Eis. Zu welchem Thema passen die Sätze aus dem Buch? Die Zeit (Z), Wie sieht es im ewigen Eis aus? (E), Alles ist möglich (A). Kreuzen Sie an.

	Z	E	A
a „Es ist wunderschön."	◯	◯	◯
b „Eine Minute? Zehn? Eine halbe Stunde? Sie wissen es nicht."	◯	◯	◯
c „Der Himmel … mit Millionen Sternen."	◯	◯	◯
d „Es fühlt sich an wie 100 Jahre."	◯	◯	◯
e „Sie nimmt seine Hand."	◯	◯	◯
f „Es fühlt sich gut an."	◯	◯	◯
g „Und dann leuchtet der ganze Himmel."	◯	◯	◯

LÖSUNGEN

Kapitel 1
1. a Geburtstag, b Fernsehturm, c Abend, d Gedanken
2. a 3, b 5, c 4, d 1, e 2
3. a 2, b 1, c 1
4. *individuelle Lösungen*

Kapitel 2
1. b Tasche Hand, c Kellnerin Straßenbahn, d trinken lachen, e warm kalt, f Apfel Kuss
2. a Park, b Picknick, c Buch, d halten, e verstanden
3. *früher:* a, d; *heute:* b, c, e, f

Kapitel 3
1. a gegangen ist, b vielleicht ein Stalker, c reden will, d ist vorbei, e es wirklich aus ist
2. *richtig:* a, d, e; *falsch:* b, c
3. a Mira gibt Ben eine Hausaufgabe. b Ben spricht gleich mit einer unbekannten Frau. c Das kann er gar nicht gut. d Ben möchte es später noch einmal probieren.

Kapitel 4
1. *erste Frau:* b, c, d, f; *zweite Frau:* a, b, d, e, f
2. a 2, b 1, c 1
3. *richtige Sätze:* a Sie findet Ben nett. b Aber Ben bleibt lieber allein. c Er ist zuerst nicht sicher, findet das dann aber gut. d Er möchte nett zu sich selbst sein.

Kapitel 5
1. a Künstlerin, b Ausstellung, c Vernissage, d Bilder, e Atelier, f Galerie
2. *mögliche Antworten:* a Es ist sehr viel los vor einer Vernissage. b Eine Ausstellung machen ist eine tolle Sache. Viele Leute sehen dann ihre Bilder. c Die Bilder sind wie ein Teil von ihr, und jetzt sind sie weg.
3. a Bank, b Gefühle, c Ausstellung, d unruhig, e Zeit, f Rose
4. *individuelle Lösung*

Kapitel 6
1. a Ben malen, b Iris' Atelier, c Fenster
2. *Ben:* a, b, d, h; *Iris:* c, e, f, g
3. *richtig:* b, d; *falsch:* a, c
4. *individuelle Lösungen*

Kapitel 7
1. a im, b in, c in, d aus, e zum
2. *Ben:* Familienname: Krischke, Beruf: arbeitet bei einer Softwarefirma, Geschwister: ein älterer Bruder; *Iris:* Familienname: Marlin, Geschwister: zwei Schwestern
3. a besser, b Angst, c Farben, d malen, e früher, f wichtig, g Reise

Kapitel 8
1. a Berlin, b Internet, c mieten, d Licht, e Abend
2. 5, 2, 7, 1, 3, 6, 4; Lösungswort: GLETSCHER
3. *Z:* b, d; *E:* a, c, g; *A:* e, f